AF341101

BELLEROPHON,

TRAGEDIE,

REPRE'SENTE'E

PAR L'ACADEMIE ROYALE

DE MUSIQUE,

l'An 1679.

Remise au Théatre le Jeudy dixiéme Décembre 1705.

A PARIS,

Chez CHRISTOPHE BALLARD, seul Imprimeur du Roy
pour la Musique, ruë S. Jean de Beauvais, au Mont-Parnasse.

M. DCCV.

Avec Privilege de Sa Majesté.

LE PRIX EST DE TRENTE SOLS.

PREFACE.

LE ROY ayant donné la paix à l'Europe, l'Academie Royale de Musique a crû devoir marquer la part qu'elle prend à la joye publique, par un Spectacle, où elle pût faire entrer les témoignages de son zele pour la gloire de cet Auguste Monarque. Elle s'y est crûë d'autant plus obligée, que la protection qu'il donne aux beaux Arts les a toûjours fait joüir, pendant le cours même de la guerre, de l'heureuse tranquillité qui leur est si necessaire. C'est ce qui a donné occasion à cette Tragedie en Musique : le Théatre représente d'abord le Parnasse François, Apollon y vient avec lés Muses celebrer le retour d'une paix si glorieuse à la France : Pan & Bachus y arrivent en même temps, & signalent leur joye par des danses, & par des chants d'allegresse : Mais Appollon pour mieux divertir le plus grand Prince de la terre, imagine sur le Champ un Spectacle, où luy-même avec les Muses veut représenter l'Histoire de Bellerophon. Chacun sçait que ce Héros combatit autrefois la Chimere, monté sur Pegase, & que ce fût d'un coup de pied de ce Cheval que naquît ensuite la fameuse Fontaine qui inspire les Vers, & qui a fait naître la Poësie. On ne sçait pas trop bien qui étoit le Pere de Bellerophon ; Les uns tiennent que c'étoit Glaucus ; & les autres le font Fils de Neptune ; & c'est fur cette diverfité d'opinions qu'on a formé l'intrigue de cette Piece, & l'Oracle qui en fait le nœud. Amifodar eft un Perfonnage épifodique, fondé fur cette Fable, qu'il y a eû une Femme nommée Chimere, qui époufa un Roy de Lycie, appellé Amifodar.

PERSONNAGES
DU PROLOGUE.

APOLLON,   Monsieur Thévenard.

BACHUS,   Monsieur Desvoix.

PAN,   Monsieur Hardoüin.

UN BERGER,   Monsieur Boutelou.

LES MUSES.

---

*NOMS DES ACTRICES, ET DES ACTEURS
chantants dans tous les Chœurs du Prologue, & de la Tragedie.*

MESDEMOISELLES.

Cénet.	Baffet.	Dujardin.	Joubert.
Dupeyré.	Vincent.	Pouffin.	Cochereau.
Duval.	Loignon.	Demerville.	Aubert.
Guillet.			

MESSIEURS.

Prunier.	La Cofte.	Dacqueville.	Lebel.
Courteil.	Cadot.	Defvoys.	Boutelou-fils.
Solé.	Jolain.	Mantienne.	Perere.
Renard.	Bertrand.	Alexandre.	Paris.
Fournier.		Le Jeune.	

DIVERTISSEMENT
du Prologue.

SUITE DE PAN.

Bergers, & Bergeres.

Messieurs Germain, Dumoulin-L., Dumoulin-C.,
& Dumoulin-le Jeune.

Mesdemoiselles Dangeville, Bassecourt,
& Saligny.

SUITE DE BACHUS.

Faunes.

Messieurs Blondy, Ferrand, Javilliers,
& Marcelle.

BACHANTES.

Mesdemoiselles Prevost, & Guyot.

PROLOGUE.

Le Théatre repréſente une agréable Vallée, entre des Coſteaux délicieux, au fond deſquels paroît le Mont-Parnaſſe à double ſommet, & entre les deux, la Source de la Fontaine d'Helicon. APOLLON eſt aſſis au haut de cette Montagne, accompagné des neuf MUSES, qui ſont auſſi aſſiſes des deux côtez.

APOLLON.

Uſes, preparons nos concerts.
Le plus grand Roy de l'univers
Vient d'aſſurer le repos de la terre:
Sur cet heureux Vallon il répand ſes bien-
faits.
Aprés avoir chanté les fureurs de la guerre,
Chantons les douceurs de la paix.

CHOEUR DES MUSES.

Aprés avoir chanté les fureurs de la guerre,
Chantons les douceurs de la paix.

ẽ

APOLLON.

Par cet Auguste Roy la discorde est bannie.
Pour tous les Dieux sa gloire a tant d'appas,
Que Pan luy-meme, oubliant nos débats,
Vient icy de nos chants augmenter l'harmonie.
Bachus, ainsi que luy, vient se joindre avec nous,
Pour rendre nos accords plus charmants & plus doux.

BACHUS entre icy d'un côté, accompagné d'Egipans
& de Menades, & PAN entre de l'autre suivi
de Bergers & de Bergeres.

BACHUS.

Du fameux bord de l'Inde, où toûjours la victoire
Rangea les Peuples sous ma loy,
Je viens prendre part à la gloire
D'un Vainqueur aussi grand que moy.

PAN.

J'ay quitté les forests où je tiens mon empire,
Pour venir comme vous admirer ce Heros.
Nos plaines & nos bois luy doivent leur repos,
C'est par luy seul que tout respire.

TOUS.

Chantons le plus grand des Mortels,
Chantons un Roy digne de nos autels.

CHOEUR D'APOLLON, & DES MUSES.

Par luy tous nos champs refleuriffent.

CHOEUR, DE BACHUS & DE PAN.

Les tranquiles plaifirs par luy font de retour.

CHOEUR D'APOLLON, & DES MUSES.

De fon nom feul les Echos retentiffent.

CHOEUR DE BACHUS, & DE PAN.

Si l'on foûpire encor ce n'eft plus que d'amour.

CHOEUR D'APOLLON, & DES MUES.

Tout rit dans nos douces retraites.

CHOEUR DE BACHUS ET DE PAN.

Rien ne vient plus troubler le fon de nos Mufettes.

TOUS.

Chantons le plus grand des Mortels.
Chantons un Roy digne de nos autels.

Les BERGERS & les BERGERES commencent icy
une Entrée, aprés laquelle un BERGER chante les
deux couplets fuivants, qui font entremélez de danfes.

ẽ ij

 BELLEROPHON,
UN BERGER.

Pourquoy n'avoir pas le cœur tendre?
Rien n'est si doux que d'aimer.
Peut-on aisement sen deffendre?
Non, non, non, l'Amour doit tout charmer.

Que sert la fierté dans les Belles?
Tout aime enfin à son tour.
Voit-on des rigueurs éternelles.
Non, non, non, rien n'échape à l'Amour.

Aprés cette chanson, les Egipans & les Menades font
une Entrée, laquelle étant finie, les Bergers & les
Bergeres se mélent avec eux, & ils dansent tous ensemble. Cette derniere danse est suivie de ce Dialogue
de BACHUS & de PAN.

PAN.

Tout est paisible sur la terre,
Voicy l'heureux temps des Amours.

BACHUS.

Ils n'ont plus à craindre la guerre,
Qui des Amants troubloit les plus beaux jours.
PAN.

Aimez, Bergers, aimez, Bergeres,
Suivez vos plus tendres desirs.
BACHUS.

Si l'Amour a des maux, il a mille plaisirs
Qui rendent ses peines legeres.

BACHUS & PAN.

Si l'Amour a des maux, il a mille plaisirs
  Qui rendent ses peines legeres.

APOLLON.

Quittez de si vaines chansons.
Il faut par de plus nobles sons
Honorer en ce jour le Heros de la France.
Transformons nous en ce moment,
Et dans un Spectacle charmant
Celebrons à ses yeux l'heureux évenement,
Qui jadis au Parnasse a donné la naissance.
Allons ; pour ce grand Roy, redoublez vos efforts,
Preparez vos plus doux accords.

TOUS.

Pour ce grand Roy, redoublons nos efforts,
Preparons nos plus doux accords.

FIN DU PROLOGUE.

ACTEURS

DE LA TRAGEDIE.

PALLAS, *Déesse*, Mademoiselle Joubert.

JOBATE, *Roy de Lycie.* M' Hardoüin.

STENOBE'E, *veuve de* PRETUS,
Roy d'Argos.　　Mademoiselle Desmâtins.

PHILONOE', *Fille de* JOBATE.　Mademoiselle Journet.

BELLEOROPHON, *crû fils de* GLAUCUS,
　　　　　　Monsieur Cochereau.

AMISODAR, *Prince Lycien, amoureux de* STENOBE'E.
　　　　　　Monsieur Thévenard.

ARGIE, *confidente de* STENOBE'E, Mademoiselle Pousslin.

LE SACRIFICATEUR, *Ministre du Temple d'*APOLLON,
　　　　　　Monsieur Thévenard.

LA PITIE,　　　　　　　Monsieur Choplet.

APOLLON, *sur le Parnasse.*　　Monsieur Desvoys.

DEUX AMAZONES, Melles Aubert, & Loignon.

DEUX DIEUX DES BOIS,
　　　　Messieurs Fournier, & Boutelou-fils.

UNE NAPE'E, & UNE DRIADE,
　　　　Mesdemoiselles Loignon, & Aubert.

DIVERTISSEMENTS
de la Tragedie.

PRE'MIER ACTE.
SOLYMES.

Monsieur Dangeville-L.

Messieurs Dumirail, Dumoulin-le-Jeune,
Javilliers, & Marcel.

AMAZONES.

Mesdemoiselles Dangeville, Bassecourt,
Saligny, & Lecomte.

SECOND ACTE.

MAGICIENS.

Monsieur Blondy.

Messieurs Dumoulin-L., Ferrand, Dumoulin-C.,
Dumoulin-le-Jeune, Dangeville-L., & Dumoulin 4eme.

TROISIE'ME ACTE.
PRE'TRESSES.

Mesdemoiselles Dangeville, Bassecourt, Prevost,
Guyot, Saligny, & Lecomte.

QUATRIEME ACTE.

BERGER, & BERGERE.

Monfieur Balon, & Mademoifelle Prevoft.

BERGERS.

Meffieurs Germain, Dumoulin-L., Dumoulin-le-Jeune,
& Dangeville-C.

BERGERES.

Mefdemoifelles Dangeville, Saligny, & Lecomte.

PAYSANTS.

Monfieur Dumoulin-Cadet.
Meffieurs Marcel, & Javilliers.

PAYSANNES.

Mefdemoifelles Guyot, Caré, & Mangot.

CINQUIEME ACTE.

PEUPLES DE LYCIE.

Monfieur Balon.

Meffieurs Germain, Dumoulin L., Blondy, Ferrand,
Dumirail, Dumoulin-le-Jeune, Dangeville-L.,
& Dangeville - Cadet.

BELLEROPHON,

BELLEROPHON,
TRAGEDIE.

ACTE PREMIER.

Le Théatre represente une-avant-cour du Palais du Roy, au fond de laquelle paroît un grand Arc de Triomphe, & au-de-là on découvre la Ville de Patare, capitale du Royaume de Lycie.

SCENE PREMIERE.

STENOBE'E, ARGIE.

STENOBE'E.

NON, les soûlevements d'une ville rebelle
Ne m'ont point fait quitter Argos ;
C'est l'Amour seul fatal à mon repos,
C'est le cruel Amour qui dans ces lieux m'appelle.
Pretus n'est plus, & desormais sa mort
Me rend maîtresse de mon sort ;
Je puis donner un diadême,
Et viens dans cette Cour faire un dernier effort
Sur le cœur d'un Ingrat que j'aime.

A

ARGIE.

Quoy, de Bellerophon l'outrageante froideur
Ne peut de cet amour dégager vôtre cœur?

STENOBE'E.

Malgré tous mes malheurs, je serois trop heureuse,
Si les mépris pouvoient guerir l'amour.
Ma fierté dés long-temps, par un juste retour,
M'auroit fait triompher de ma flâme amoureuse;
Mais helas! ma tendresse augmente chaque jour.
Malgré tous mes malheurs je serois trop heureuse,
Si les mépris pouvoient guerir l'amour.

ARGIE.

Contre Bellerophon vôtre aveugle colere
Aux plus sanglants effets devoit s'autoriser;
L'Amour vous le fait voir toûjours digne de plaire,
C'est assez pour vous appaiser.

STENOBE'E.

Helas! à quel excés je portay ma vangeance!
Je l'accusay, malgré son innnocence,
De vouloir m'inspirer une coupable ardeur.
Ce fut pour luy ravir & l'honneur & la vie,
Que Pretus l'envoya chez le Roy de Lycie.
Et quels troubles alors ne sentit point mon cœur!

En vain quand l'amour est extrême,
On veut perdre un Ingrat qui nous ose outrager.
On prend dans ses malheurs plus de part que luy-même.
Helas! quand il se faut vanger de ce qu'on aime,
Qu'il en coûte pour se vanger!

ARGIE.

Ne redoutez plus rien ; ce Heros invincible
Aux plus affreux perils tant de fois exposé,
   A sa valeur a trouvé tout possible.
Quel triomphe pour vous , s'il vous étoit aisé
   De rendre enfin son cœur sensible !

STENOBE'E.

Du moins Bellerophon n'a jamais rien aimé :
   C'est à la gloire qu'il se donne ,
   Et son cœur peut être charmé ,
   Par les offres de ma couronne.

Espoir , qui séduisez les Amants malheureux ,
   Pourquoy surprendre ma vangeance ?
Je sçay , je sçay combien vous êtes dangereux ,
Je sçay que vous allez entretenir mes feux ,
   Et redoubler leur violence.
Cependant vous rentrez dans mon cœur amoureux.
Et je sens qu'avec vous il est d'intelligence.
Espoir , qui séduisez les Amants malheureux ,
   Pourquoy suspendre ma vangeance ?

SCENE DEUXIE'ME.

STENOBE'E, PHILONOE', ARGIE.

PHILONOE'.

REine, vous sçavez, qu'en ce jour
Je reçois un Epoux de la main de mon Pere :
J'attends le choix qu'il en doit faire,
Entre tous les Amants qui remplissent sa cour.
Obtenez qu'il n'en délibere
Que de concert avec l'Amour.

Qu'il est doux de trouver, dans un Amant qu'on aime,
Un Epoux que l'on doit aimer !
Lorsque le cœur a choisi de luy-même
Le seul Objet qui pouvoit l'enflâmer,
Qu'il est doux de trouver, dans un Amant qu'on aime,
Un Epoux que l'on doit aimer.

STENOBE'E.

Quoy, Princesse, à l'amour vous auriez pû vous rendre.

PHILONOE'.

En vain j'ay voulu m'en deffendre.

STENOBE'E.

Et qui donc aimez-vous ?

PHILONOE'.

Un Heros que les Dieux
Ont fait des Conquerans l'exemple glorieux ;
Estimé dans la paix ; redouté dans la guerre :
Il est, & la terreur, & l'amour de la terre.

Si pour chercher à vaincre il court dans les hazards,
A ses premiers efforts ses ennemis se rendent,
Et s'il aime, il n'est point de cœur qui se défendent
De ses premiers regards.

STENOBE'E.

Ah ! c'est Bellerophon.
PHILONOE'.
C'est luy, je le confesse,
Ne condamnez point ma tendresse.
Quand mille exploits fameux parlent pour un Amant,
Peut-on resister un moment ?
Aprés avoir vaincu deux Nations guerrieres,
Bellerophon ameine en ces lieux fortunez,
Les Amazones prisonnieres,
Et les Solymes enchaînez ;
Il possede mon cœur, je puis tout sur son ame.
Reine, favorisez une si belle flâme.

SCENE TROISIE'ME.

STENOBE'E, ARGIE.

STENOBE'E.

ET je croyois qu'aucun ardeur
N'eût jamais enflâmé son cœur?

ARGIE.

Un cœur qui paroît invincible
Peut eftre un temps sans se laisser charmer;
Mais on a beau se deffendre d'aimer,
Le moment vient d'être sensible.

STENOBE'E.

C'en eft fait, l'outrage eft trop grand.
Si ses cruels refus faisoient tort à ma gloire,
Au moins il m'étoit doux de croire,
Que mon cœur soûpiroit pour un Indifferent.
Mais il aime, & c'eft-là ce qui me desespere,
Une autre a fait ce que je n'ay pû faire.

Venez, Haine, Vangeance, & versez dans mon cœur
Vôtre poison le plus funefte:
Vous ne sçauriez m'inspirer trop d'horreur,
Pour un Ingrat que je détefte.

Suivons, suivons ce desespoir,
Il faut pour vanger mon outrage
Qu' Amisodar serve ma rage ;
Son Art dans les Enfers luy donne tout pouvoir.
Il en peut évoquer quelque Monstre effroyable
Qui porte le ravage, & la flâme en ces lieux,
Il m'aime, & sur luy je veux jetter les yeux . . .

ARGIE.

Le Roy vient, contraignez l'ennuy qui vous accable.

SCENE QUATRIÉME.

LE ROY, STENOBE'E, ARGIE, SUITE.

LE ROY.

C'Ontre Bellerophon, j'ay fait jusqu'à ce jour
   Ce que Pretus pouvoit attendre
   De l'aveugle zele d'un Gendre.
Vous vouliez, comme luy, qu'il perît dans ma Cour.
   D'abord, sans connoître son crime,
J'abandonnay sa tête aux rigueurs de son sort.
   Pretus croyoit sa perte legitime,
   C'étoit assez pour résoudre sa mort :
Mais enfin il est temps de vous ouvrir mon ame.
Aprés qu'il s'est rendu l'appuy de mes Etats,
   Je dois me conserver son bras :
   Ma Fille est l'objet de sa flâme.
Aujourd'huy de ma main elle attend un Epoux.
C'est luy que je choisis.

STENOBE'E.

       Ciel ! que me dites vous ?
Choisir Bellerophon ! & qui l'auroit pû croire ?

LE ROY.

Ses exploits l'ont rendu digne de cette gloire.

           STENOBE'E.

STENOBE'E.

Songez-vous que Pretus vous demanda sa mort ?

LE ROY.

Les Dieux ne m'ont point fait arbitre de son sort.

STENOBE'E.

Quoy vous soûtenez un Coupable ?

LE ROY.

Quoy vôtre haine est implacable ?

ENSEMBLE.

Ah ! cessez de vous obstiner.

LE ROY.

Malgré vôtre jalouse envie.

STENOBE'E.

Malgré vos soins pour luy sauver la vie ,

ENSEMBLE.

Il merite $\begin{cases} le\ prix \\ la\ mort \end{cases}$ *que je luy veux donner.*

On entend des Timbales, & des Trompettes.

STENOBE'E.

A ce bruit éclatant je connois qu'il s'avance.
Je ne vous dis plus rien , mais vous devez songer ,
Que si vous negligez le soin de ma vangeance ,
Je suis Reine, & puis me vanger.

Aprés que STENOBE'E est sortie, on voit entrer une
Troupe d'Amazones, & de Solymes enchaînez, dont
ceux qui les conduisent portent les armes : La marche
que cette Troupe fait sur le Théatre est une espece de
triomphe pour BELLEROPHON, qui entre aprés que
les Amazones, & les Solymes ont passé devant le Roy,
& pris leur place.   B

SCENE CINQUIE'ME.

LE ROY, BELLEROPHON,
Troupe D'AMAZONES,
& de SOLYMES.

Six hommes en Amazones chantants, six femmes en
Amazones chantantes, Pages de la suite des Amazones, quatorze Solymes chantants, un Solyme dansant seul, quatre Amazones dansantes, quatre Solymes dansants, quatre hommes armez dansants.

LE ROY.

V Enez, venez goûter les doux fruits de la gloire,
Qui dans tout l'Univers vous fait tant de jaloux.

BELLEROPHON.

Seigneur, quand on combat pour vous,
N'est-on pas sûr de la victoire?

LE ROY.

Aprés avoir rangé deux Peuples sous mes loix,
Prince, vôtre rare vaillance
Demeureroit sans récompense,
Si ma Fille n'étoit le prix de vos exploits.
Vous l'aimez, elle vous aime,
Soyez heureux, j'y consens.

BELLEROPHON.

Ah! Seigneur, puis-je encor me connoître moy-même.

LE ROY.

La valeur obtient tout des cœurs reconnoissants.

Un Heros que la gloire éleve
N'eſt qu'à demy recompenſé,
Et c'eſt peu ſi l'amour n'acheve
Ce que la gloire a commencé.

BELLEROPHON.

Surpris de tant d'honneurs , je ne puis que me taire;
Quel ſervice aſſez grand pouvoit les meriter?
J'euſſe été trop témeraire ,
Si j'euſſe oſé m'en flater.
Moy qu'un Frere a chaſſé d'Ephyre.
Où mon Pere Glaucus avoit donné la loy.

LE ROY.

Eſtre l'appuy de mon Empire ,
C'eſt meriter aſſez d'y regner aprés moy.
Qu'aucun ne garde icy des ſujets de triſteſſe :
A vos Captifs je rends la liberté.

BELLEROPHON,
aux AMAZONES, & aux SOLYMES.

Faites tous voir vôtre allegreſſe ,
En ſortant de captivité.

LE ROY, & BELLEROPHON, étant ſortis, ceux
qui ont conduit les Amazones , & les Solymes , leur
ôtent les fers, & rendent l'épée aux unes, & la lance
aux autres.

AMAZONES.
Quand un Vainqueur est tout brillant de gloire,
Qu'il est doux de porter ses fers!

SOLYMES.
Celuy qui nous soûmit commande à la Victoire,
Il soûmettra tout l'Univers.

TOUS.

Disons cent fois ce qu'on ne peut trop dire,
Heureux qui vit sous son empire!

Les Amazones, & les Solymes commencent icy leurs
danses, & chantent ensuite les Paroles suivantes,
dont chaque couplet se chante aprés une Entrée.

AMAZONES, & SOLYMES.

Faisons cesser nos allarmes,
Goûtons les biens que rend la liberté:
Celuy, dont chacun craint les armes,
A fait finir nôtre captivité.
Un sort si plein de charmes
Met nôtre gloire enfin en sûreté.

Rompons le cours de nos larmes,
Nos déplaisirs ont assez éclaté.
Celuy, dont chacun craint les armes,
A fait finir nôtre captivité.
Un sort si plein de charmes
Met nôtre gloire enfin en sûreté.

FIN DU PRE'MIER ACTE.

ACTE SECOND.

Le Théatre represente un Jardin délicieux, au milieu duquel paroît un Berceau en forme de Dôme, soûtenu à l'entour de plusieurs Termes. Au travers du Berceau on découvre trois Allées, dont celle du milieu est terminée par un superbe Palais en éloignement; les deux autres finissent à perte de vûë.

SCENE PREMIE'RE.

PHILONOE', DEUX AMAZONES.

PHILONOE'.

A Mour, mes vœux sont satisfaits,
Il m'est doux de porter tes chaînes,
Et j'oublie aujourd'huy les peines
Qui de mon cœur avoient troublé la paix;
Cruelles inquietudes,
Soûpirs languissants,
Si j'ay souffert vos tourments les plus rudes,
Ie n'ay pas trop payé les douceurs que je sens.

PREMIE'RE AMAZONE.

Les douceurs que l'Amour fait trouver dans ses chaînes,
Aux plus heureux Amants ont coûté des soûpirs.

DEUXIE'ME AMAZONE.

Les plaisirs qui n'ont point commencé par les peines,
Ne sont jamais de vrais plaisirs.

PHILONOE'.

Chantez, chantez la valeur éclatante
Du plus grand des Heros ;
Si la Lycie est triomphante,
C'est à luy qu'elle doit sa gloire, & son repos

PREMIE'RE AMAZONE.

Que de lauriers sur une seule tête !
Avec luy la Victoire a peine à respirer.

DEUXIE'ME AMAZONE.

De l'Univers entier il eût fait la conqueste,
Si son grand cœur n'eût sçû se moderer.

ENSEMBLE.

Chantons, chantons la valeur éclatante
Du plus grand des Heros ;
Si la Lycie est triomphante,
C'est à luy qu'elle doit sa gloire, & son repos.

SCENE DEUXIE'ME.

BELLEROPHON, PHILONOE',
AMAZONES.

BELLEROPHON.

PRincesse, tout conspire à couronner ma flâme,
　　Tout s'aprête pour mon bonheur.
Sentez-vous les plaisirs qui regnent dans mon ame,
Et les mêmes transports charment-ils vôtre cœur?

PHILONOE'.

L'Amour qui nous unit par de si douces chaînes,
　　A dés long-temps uny tous nos desirs:
A vos soûpirs cent fois j'ay mêlé mes soûpirs;
　　Et si j'ay partagé vos peines,
　　Je dois partager vos plaisirs.

BELLEROPHON.

　　Qu'un si doux aveu doit me plaire!
　　Qu'il rend mon destin glorieux!

PHILONOE'.

　　Quand ma bouche pourroit se taire,
　　L'Amour feroit parler mes yeux.

ENSEMBLE.

Que tout parle, à l'envy, de nôtre amour extrême:
　　A ces transports abandonnons nos cœurs;
Et pour goûter toûjours de nouvelles douceurs,
　　Disons-nous cent fois, je vous aime.

BELLEROPHON,
PHILONOE', voyant **STENOBE'E.**

Prince, adieu; mon devoir m'appelle auprés du Roy.
Je vous laiſſe le ſoin d'entretenir la Reine.

BELLEROPHON.

Quel cruel ſupplice pour moy !

SCENE TROISIEME.

STENOBE'E, BELLEROPHON, ARGIE.

STENOBE'E.

MA preſence icy te fait peine.

BELLEROPHON.

Il eſt vray, je frémis, lorſque je vous revoy :
Quel deſtin ennemy vous ameine en Lycie ?
Y venez-vous chercher à troubler mon repos ?
Vous m'avez fait bannir d'Argos,
Ne verray-je jamais vôtre haine adoücie ?

STENOBE'E.

S'il te ſouvient des maux que je t'ay faits,
Qu'il te ſouvienne auſſi de ma tendreſſe extrême ;
Ne me reproche point, Ingrat, que je te hais,
Ou reproche-moy que je t'aime.

J'ay tâché de te perdre, & j'ay crû le vouloir,
J'ay ſuivy les tranſports d'une aveugle vangeance,
Mais plus à mon amour j'ay fait de violence,
Plus ſur mon cœur il a pris de pouvoir,
Et je ne t'ay jamais hai, qu'en apparence.

BELLEROPHON.

BELLEROPHON.

Vous m'avez sans relâche accablé de malheurs,
Je n'ay point reconnu l'amour dans vos fureurs.
Si l'amour quelque fois s'abandonne à la rage,
Il est toûjours amour, même quand il outrage :
Mais vous toûjours constante à me persecuter,
Vous n'avez épargné ma gloire ny ma vie,
*   Et je ne dois rien écoûter*
*   De ma plus mortelle Ennemie.*

SCENE QUATRIEME.

STENOBE'E, ARGIE.

STENOBE'E.

TU me quittes, Cruel! arrête. Il fuit helas!
Mon amour voit sa honte, & n'en profite pas.

Vous ne sçauriez guerir le mal qui me tourmente,
Foibles Retours d'un impuissant dépit ;
Des mépris d'un Ingrat ma flâme se nourrit,
Elle devroit s'éteindre, & devient plus ardente.
L'amour trop heureux s'affoiblit ;
Mais l'amour malheureux augmente.

ARGIE.

Quoy, vous pourrez toûjours souffrir
Qu'on vous brave, qu'on vous dédaigne ?

STENOBE'E.

Non, il faut dans son sang que mon amour s'éteigne,
Perdons tout, faisons tout perir.

SCENE CINQUIE'ME.

STENOBE'E, AMISODAR, ARGIE.

STENOBE'E.

VOus me jurez sans cesse une amour éternelle.
Croiray-je, Amisodar, croiray-je vos serments?
Me serez-vous assez fidele,
Pour ne refuser rien à mes ressentiments?

AMISODAR.

Lorsque l'amour vous asservit mon ame,
Vôtre insensible cœur devroit se contenter
De ne pas répondre à ma flâme;
Pourquoy me faire encor l'outrage d'en douter?
Vos froideurs, vôtre indifference
Me touchent moins que cette offence,
Je meurs pour vos divins appas,
Et viens vous demander pour toute recompense,
Que vous n'en doutiez pas.

STENOBE'E.

Bellerophon m'a fait une mortelle injure,
Le Roy la connoît & l'endure,
Il le choisit pour Gendre au lieu de le punir.
Troublons l'hymen qui se prepare,
Par une vangeance barbare,
Dont le seul souvenir
Fasse trembler tout l'avenir.

C ij

AMISODAR.

Je puis de la nuit infernale,
Faire sortir un Monstre furieux :
Mais vous-même tremblez d'exercer en ces lieux
Une vangeance si fatale.
Preparez-vous à voir nos peuples allarmez,
Et nos villes tremblantes.
Le Monstre couvrira de torrents enflâmez
Nos campagnes fumantes,
Et nos champs ne seront semez
Que de restes affreux de victimes sanglantes.

STENOBE'E.

Que ce spectacle sera doux
A la fureur qui me transporte !

Hâtez-vous, hâtez-vous,
De servir mon couroux,
Faites ouvrir la terre, & que le Monstre en sorte.
Hâtez-vous, hâtez-vous,
De servir mon couroux.

AMISODAR.

Jusqu'au fond des enfers je vais me faire entendre,
Fuyez, Reyne, fuyez ;
Vos yeux seront trop effrayez
De l'horreur qu'en ces lieux mes charmes vont répandre.

SCENE SIXIE'ME,
AMISODAR.

Que ce Jardin se change en un desert affreux.

Le Jardin disparoît, & l'on voit en sa place une espece de prison horrible, taillée dans les Rochers, & percée à perte de vûë, avec plusieurs chaînes, cordages, & grilles de fer qui la remplissent de toutes parts.

Noires Habitans du sejour tenebreux;
Pour m'écoûter dans vos demeures sombres,
Redoublez, s'il se peut, le silence des Ombres.
Et vous à me servir employez tant de fois,
Ministres de mon Art, accourez à ma voix.

Quatre Magiciens & quatre Magiciennes paroissent, & témoignent en dansant, l'ardeur avec laquelle ils se preparent à servir AMISODAR. Aprés cette Entrée, d'autres Magiciens au nombre de quatorze, viennent faire avec luy la Scene suivante.

SCENE SEPTIE'ME.

AMISODAR, MAGICIENS.

Quatorze MAGICIENS, chantants, un SORCIER
dansant seul, quatre autres SORCIERS dansants,
quatre SORCIERES dansantes.

MAGICIENS.

PArle, *nous voilà prêts, tout nous sera possible.*

AMISODAR.

Faisons sortir un Monstre horrible.
Pour l'évoquer employez l'Acheron,
Le Cocyte, le Phlegeton;
Faites que vôtre voix dans tout l'Enfer raisonne.
C'est moy qui vous l'ordonne.

Les Magiciens se jettent icy contre terre
pour l'évocation.

MAGICIENS.

Par ce pressant commandement,
Promptement, promtement,
Que le Tenare s'ouvre,
Que l'Enfer se découre;
Cocyte, Phlegeton, il nous faut du secours;
Pour nous entendre, arrêtez vôtre cours.

AMISODAR.

Pourſuivez. Que pour moy vôtre pouvoir éclate;
Par Cerbere & la triple Hécate;
Parlez, preſſez, appellez, à grand bruit,
Et la Mort & la Nuit.

Les Magiciens ſe jettent de nouveau contre terre.

MAGICIENS.

Nuit, Mort, Cerbere, Hécate, Erebe, Averne,
Noires Filles du Stix, que la fureur gouverne,
Entendez nos cris, ſervez-nous,
Nous travaillons pour vous.

AMISODAR.

Le charme eſt fait, les Monſtres vont paroître,
La terre s'ouvre & me le fait connoître.
Rendons aux ſombres Deitez
Les honneurs que de nous elles ont meritez.

La terre s'ouvre, & ont voit ſortir trois Monſtres qui
s'élevent au-deſſus de trois buchers ardents, l'un en
forme de Dragon, l'autre de Lyon, & le dernier de
Bouc. Trois des Magiciens montent deſſus: Aprés
quoy les quatre qui ont déja dansé font une nouvelle Entrée avec les quatre Magiciennes, pour marquer leur joye de ce que le charme a réüſſi. Leur
danſe étant finie, les trois Magiciens qui ſont ſur
les Monſtres chantent alternativement les Paroles
ſuivantes avec les autres Magiciens.

MAGICIENS.

La terre nous ouvre
Ses gouffres profonds !
L'Enfer se découvre.
Chantons, triomphons,
On voit l'onde noire,
Pour nous s'arrêter.
Victoire, victoire, victoire.
Nous avons la gloire
De tout surmonter.
Triomphe, victoire,
Triomphe, victoire,
Nous avons la gloire
De tout surmonter,
Non, non, rien ne peut nous resister.

AMISODAR.

Un Monstre seul causeroit plus d'effroy,
Il faut unir ces trois Monstres ensemble ;
Par un charme plus fort & plus digne de moy,
Faisons qu'un seul corps les assemble ;
Pour en venir à bout, descendons aux enfers,
Les gouffres nous en sont ouverts.

Tout s'abîme, & la terre s'ouvre.

FIN DU SECOND ACTE.

ACTE TROISIEME.

Le Théatre repréſente le veſtibule du Temple fameux, où APOLLON rendoit ſes oracles dans la
Ville de Patare. Ce Temple paroît d'abord fermé
dans le fond, & ne s'ouvre que lorſque la Cere-
monie commence à paroître.

SCENE PREMIE'RE.

STENOBE'E, ARGIE.

ARGIE.

Ue vous faites couler & de ſang & de larmes
  Dans ces triſtes climats !
Tout tremble, tout eſt en allarmes.
On voit regner par tout l'image du trépas.
Et le Monſtre animé par la force des charmes
Marque de mille morts la trace de ſes pas.

D

S T E N O B E'E.

Lieux défolez, & remplis de carnage,
Campagne, où le Monftre a femé tant d'horreur,
Ne me reprochez point ma jaloufe fureur,
Dont vôtre embrafement eft le fatal ouvrage ;
L'amour defefperé qui regne dans mon cœur
Vous vange affez de ce ravage,

A R G I E.

Quoy, vous ne goûtez point la fecrette douceur
D'avoir troublé l'Hymen qui vous outrage ?

S T E N O B E'E.

Impuiffante Vangeance ! inutile Secours !
De quoy peux-tu fervir quand on aime toûjours ?

Les plus cruels tranfports que la fureur infpire
Confolent mal un amour outragé.
Ce malheureux amour, aprés s'être vangé,
N'en fait pas moins fentir fon tyrannique empire.

Impuiffante Vangeance ! inutile Secours !
De quoy peux-tu fervir quand on aime toûjours ?

SCENE DEUXIE'ME.

LE ROY, STENOBE'E, ARGIE.

LE ROY.

Que de malheurs accablent la Lycie !
Si le Ciel luy gardoit de si funestes coups,
Avant qu'il fit sur elle éclater son couroux,
Que ne m'a t'il ôté la vie ?
Je ne vois en tous lieux que des marques d'effroy,
Que des objets qui m'épouvantent,
Et je partage, comme Roy,
Les maux que mes Sujets ressentent.

STENOBE'E.

Quand vous voyez vos peuples abbatus,
Reconnoissez du Ciel la justice suprême.
Vous n'avez pas vangé l'injure de Pretus,
Il la vange luy-même.
Bellerophon victorieux
Cause tous les malheurs dont vôtre cœur soûpire,
C'est contre luy seul que les Dieux
Ont envoyé le Monstre furieux,
Qui désole tout vôtre empire.
Que sa valeur en délivre ces lieux,
Puisque son crime vous l'attire.

D ij

SCENE TROISIEME.
LE ROY, BELLEROPHON.

BELLEROPHON.

VOus venez consulter l'oracle d' Apollon?
LE ROY.
Je viens luy demander ce qu'il faut que j'espere ;
De mes états c'est le Dieux tutelaire,
Il écoûte ma voix , quand j'implore son nom.
BELLEROPHON.
Ce Dieu , qui cherit la Lycie,
Dans ses malheurs voudra la secourir,
Et l'encens qu'en ces lieux vous luy venez offrir,
Rendra du Ciel la colere adoucie ;
Mais quand le Monstre immole à sa fureur
Tout le sang qu'il trouve à répandre,
Verray-je sans rien entreprendre,
Que par luy dans ces lieux tout soit remply d'horreur !
LE ROY.
Ah! Prince, songez-vous que trois Monstres ensemble,
Sont unis dans ce Monstre affreux ?
A son aspect, il n'est rien qui ne tremble,
De sa brulante haleine il pousse mille feux.
BELLEROPHON.
Ces trois Monstres unis n'ont rien qui m'épouvante ;
Plus le combat coûte au Vainqueur,
Plus la victoire est éclatante,
Et c'est ce qui flate un grand cœur.

SCENE QUATRIE'ME.
LE ROY, PHILONOE', BELLEROPHON.

PHILONOE'.

SEigneur, à vôtre voix je viens joindre la mienne,
Aux vœux que vous offrez, je viens mêler mes pleurs,
Et demander au Ciel que la Lycie obtienne
*   La fin de ses malheurs.*

LE ROY.

Contre le Monstre qui les cause,
Bellerophon veut employer son bras :
*   Consentirez-vous qu'il s'expose ?*

PHILONOE'.

Ah ! vous-même, Seigneur, vous n'y consentez pas ;
Souffrirez-vous qu'il coure, où la mort est certaine ?

BELLEROPHON.

On court à la victoire en s'exposant pour vous,
*   Croyez-en l'ardeur qui m'entraîne.*
Helas ! sans les frayeurs dont la Lycie est pleine,
*   Je serois déja vôtre Epoux.*

PHILONOE'.

Esperons tout des Dieux ; un violent orage
Amene quelquefois le calme le plus doux.

LE ROY.

Le Temple s'ouvre, entrons, & par un juste hommage,
Meritons que le Ciel appaise son courroux.

LE SACRIFICATEUR paroît avec ses Ministres, & un grand nombre
de Peuples qui entrent dans le Temple en dansant :

SCENE CINQUIE'ME.

LE ROY, BELLEROPHON, PHILONOE', SACRIFICATEUR, MINISTRES du Temple.

Le grand Sacrificateur, quatre hommes portants des haches, quatre hommes portants des buires, huit Sacrificateurs, quatre enfants affiftants au Sacrifice, quatre Preftreffes, APOLLON, fix Flûtes de la fuitte du Sacrifice, huit affiftants du Sacrifice

CHOEUR DE PEUPLES.

LE malheur qui nous accable
Demande un Dieu favorable :
Enten-nous, grand Apollon,
Par la défaite du Serpent Python ;
Par l'écat de la gloire
Qui fuivit ta victoire,
Vien nous fecourir.
Hâte-toy, fauve-nous, ou nous allons perir.

SECONDE ENTRE'E.

Nos foûpirs te font connoître
Le malheur qui les fait naître :
Enten-nous, grand Apollon,
Par la défaite du Serpent Python,
Par l'éclat de la gloire
Qui fuivit ta victoire,
Vien nous fecourir ;
Hâte-toy, fauve-nous, ou nous allons perir.

SACRIFCATEUR.

Reçoi, grand Apollon, reçoi ce sacrifice,
Fai que le Ciel nous soit propice.

CHOEUR DE PEUPLES.

D'un cœur soûmis nous t'adressons nos vœux,
Ecoûte un Peuple malheureux.

SACRIFICATEUR versant du vin sur la tête
de la victime.

Par ce vin répandu, fai cesser nos allarmes,
Arrête le cours de nos larmes.
Tu vois quel triste sort nous accable aujourd'huy ;
Prête-nous ton appuy

Vous, qu'à me seconder un zele ardent anime,
Avancez, il est temps d'immoler la victime.
Les Ministres du Temple s'avancent auprés du Sacrifi-
cateur, & immolent la victime.

CHOEUR DE PEUPLES.

Dieux, qui connoissez nos malheurs,
Laissez-vous toucher de nos pleurs.
SACRIFICATEUR montrant le cœur de la victime.
Esperons, je ne vois que signes favorables,
Nos vœux au Ciel doivent être agreables,
Il jette le cœur & les entrailles dans le feu.

CHOEUR DE PEUPLES.

Aprés un augure si doux,
Tâchons de meriter, que les Dieux soient pour nous.

Le Peuple danse icy à l'entour du feu, & chante
ensuite ce premier couplet.

Montrons nôtre allegresse,
Ne parlons plus de chagrin ;
Renonçons à la tristesse,
Nos malheurs vont prendre fin.
Quand le Ciel est propice à nos vœux,
Bannissons l'ennuy qui nous presse,
Nous allons tous être heureux.

Le Peuple continuë sa danse, & chante le second couplet.

Le Ciel veut qu'on espere,
Il adoucit son couroux :
Nôtre hommage a sçû luy plaire,
Tout s'est déclaré pour nous.
Bannissons les soûpirs de ces lieux ;
Ne craignons plus rien de contraire,
Nos maux ont touché les Dieux.

SACRIFICATEUR.

Tout m'aprend qu'Apollon dans nos vœux s'interesse,
Redoublez à l'envy vos marques d'allegresse.

Le Peuple commence une nouvelle danse à l'entour du
feu, & chante les Paroles qui suivent.

CHOEUR

CHOEUR de Peuples.

Assez de pleurs
Ont suivy nos malheurs ;
De nôtre zele
Voy l'ardeur fidele.
C'est en toy seul, que nôtre espoir est mis :
Vien de nos maux adoucir les atteintes :
Fini nos plaintes,
Calme nos craintes :
Flechy pour nous les Destins ennemis :
L'Amour languit, troublé de nos allarmes ;
Rapelle icy tous ses charmes,
Toy, que ses traits ont tant de fois soûmis.
Un Monstre affreux
Nous rend tous malheureux.
Fay de sa rage
Cesser le ravage.
C'est en toy seul que nôtre espoir est mis ;
Vien, de nos maux adoucir les atteintes :
Fini nos plaintes,
Calme nos craintes,
Flechy pour nous les Destins ennemis :
L'Amour languit, troublé de nos allarmes ;
Rapelle icy tous ses charmes,
Toy ; que ses traits ont tant de fois soûmis.

SACRIFICATEUR.

Digne Fils de Latone, & du plus grand des Dieux,
Parle, & daigne regler le destin de ces lieux.

E

L'Autel qui a paru s'enfonce, & la Pythie sort de son antre les cheveux épars, en même-temps on entend de grands éclats de tonnerre : Le Temple tremble, & on le voit tout brillant d'éclairs.

LA PYTHIE.

Gardez tous un silence extrême,
Appollon vous entend, & va parler luy-même ;
Son approche déja fait briller les éclairs,
Entendez raisonner le sifflement des airs,
Ecoutez le bruit du tonnerre,
Voyez trembler, & le Temple, & la Terre.
Il va paroître, je le voy ;
A son aspect fremissez comme moy.

La Pythie se panche vers la terre, tandis qu'Apollon paroît en statuë d'or, & prononce l'Oracle qui suit.

APOLLON.

Que vôtre crainte cesse ;
Un des Fils de Neptune appaisera pour vous
Le celeste courroux :
Pour l'en récompenser, il faut que la Princesse
Le prenne pour Epoux.

La Pythie s'enfonce dans l'antre d'où elle est sortie. Apollon disparoît, & le peuple se retire.

LE ROY.

à Bellerophon, & à Philonoe'.

Vous l'avez entendu, je n'ay rien à vous dire,
Je plains vos déplaisirs, comme vous j'en soûpire ;
Mais rien n'est préferable au repos de ces lieux :
Soûmettons-nous aux Dieux.

SCENE SIXIE'ME.

BELLEROPHON, PHILONOE'.

BELLEROPHON.

DAns quel accablement cet Oracle me laiſſe !

PHILONOE'.

Ah ! cruelle ſurpriſe !

BELLEROPHON.

O funeſte revers !
Quoy ! je vous perds, belle Princeſſe !

ENSEMBLE.

Helas ! n'avons -nous eû le deſtin favorable,
Que pour mieux reſſentir le coup qui nous accable ?

BLLEROPHON.

Mes vœux alloient être contents.

PHILONOE'.

Jamais ſort n'eût été plus heureux que le nôtre.

ENSEMBLE.

Qui croiroit que deux cœurs ſi tendres, & ſi conſtants,
Ne fuſſent pas deſtinez l'un pour l'autre ?

BELLEROPHON.

Vous ne ſerez donc point à moy ?
Quel prix d'une ardeur ſi fidele !

PHILONOE'.

N'y penſons plus.

BELLEROPHON.

Quoy ? vous pourrez, Cruelle,
Engager ailleurs vôtre foy.

PHILONOE'.

Brisez, brisez, une fatale chaîne.
Quand j'ay reçû l'hommage de vos vœux,
Je croyois que le Ciel consentiroit sans peine,
Que l'Hymen nous rendît heureux,
Et je n'attendois pas l'Oracle rigoureux
Qui nous sacrifie à sa haine.

BELLEROPHON.

Non, non, quoyqu'il ait ordonné,
On ne verra jamais que mon amour s'éteigne.
Je n'examine point ce qu'il faut que je craigne
De l'Oracle fatal qui vient d'être donné :
Que le destin jaloux d'une flâme si belle
Me porte encor des coups plus rigoureux ;
Au moins je puis être fidele,
Si je ne sçaurois être heureux.

PHILONOE'.

Se peut-il que le Ciel contre un amour si tendre,
Exerce toutes ses rigueurs ?

BELLEROPHON.

De ses ordres cruels, l'amour doit-il dépendre ?

ENSEMBLE.

Aimons-nous, malgré nos malheurs,
Ce n'est pas au Destin à séparer les cœurs.

FIN DU TROISIE'ME ACTE.

ACTE QUATRIE'ME.

Des Rochers fort hauts & fort escarpez couverts de sapins, & d'autres arbres solitaires, font la décoration de cet Acte. Au fonds du Théatre paroît un Rocher de la même hauteur, & garni des mêmes arbres. Il est percé par trois Grottes, au travers desquelles on découvre un Païsage à perte de vûë.

SCENE PREMIE'RE.

AMISODAR.

Uel spectable charmăt pour mon cœur amoureux!
Ces morts de tous côtez, étendus dans les plaines,
Me font de sûrs garands de la fin de mes peines ;
Tout périt pour me rendre heureux.
Fontaines tarissez ; embrasez-vous Montagnes,
Brûlez, Forests, sechez Campagnes,
Toutes les horreurs que je voy
Sont autant de sujets de triomphe pour moy.

Quand on obtient ce qu'on aime,
Qu'importe, qu'importe à quel prix ?
Que tout l'Univers surpris,
Condamne l'amour extrême
Qui coûte tant de sang, de larmes & de cris,
Quand on obtient ce qu'on aime,
Qu'importe, qu'importe à quel prix ?

SCENE DEUXIE'ME.

ARGIE, AMISODAR.

IL faut pour contenter la Reine
Rendre le Monstre à l'éternelle nuit ;
Bellerophon au desespoir réduit,
S'appreste à le combatre ; & sa perte est certaine ;
Mais cette prompte mort finit trop tôt sa peine,
Quand un fatal Oracle est contraire à ses vœux,
S'il ne souffre long-temps, il n'est point malheureux ;
Puisqu'un Fils de Neptune épouse la Princesse,
Laissez vivre l'Ingrat dans ses jaloux transports ;
Voir aux mains d'un Rival l'Objet de sa tendresse,
C'est tous les jours endurer mille morts.

AMISODAR.

Le laisser vivre ! ô Dieux ! que faut-il que je pense ?
Je vois pour luy la Reine s'allarmer,
Lorsque sa mort est preste à remplir sa vangeance :
Est-ce le hair, ou l'aimer ?

ARGIE.

Montrez que vôtre cœur ne cherche qu'à luy plaire,
Pourquoy pénetrer dans le sien?
Quand l'Objet aimé parle, un Amant doit tout faire,
Et n'examiner rien.

AMISODAR.

Non, non, que mon Rival periſſe,
Eſt-ce à moy d'empêcher qu'il ne perde le jour?

ARGIE.

Il faut faire à la Reine encor ce Sacrifice,
Ou renoncer à vôtre amour.

VOIX derriere le Théatre,

Tout eſt perdu, le Monſtre avance,
Sauvons-nous, ſauvons-nous.

AMISODAR.

Le Monſtre approche, éloignez-vous.

ARGIE.

Ciel, contre ſa fureur embraſſe ma défenſe.

SCENE TROISIE'ME.

UNE NAPE'E, & UNE DRIADE.

ENSEMBLE.

PLaignons, plaignons les maux qui défolent ces lieux,
Les pleurs, qu'ils font couler, devroient toucher
les Dieux.

DRYADE.

Il n'eft plus d'herbes dans les plaines.

NAPE'E.

Il n'eft plus d'eaux dans les fontaines.

DRYADE.

Tout perit.

NAPE'E.

Tout tarit.

DRYADE.

Quel excés d'ennuys!

NAPE'E.

Quelles peines!

ENSEMBLE.

Plaignons, plaignons les maux qui défolent ces lieux,
Les pleurs, qu'ils font couler, devroient toucher les
Dieux.

SCENE

SCENE QUATRIE'ME.

DIEUX DES BOIS, UNE NAPE'E, & UNE DRIADE.

DIEUX DES BOIS.

LEs Forests sont en feu, le ravage s'augmente,
Ce n'est par tout qu'epouvante & qu'horreur.

NAPE'E, & DRIADE.

Du Monstre, comme vous, nous sentons la fureur,
Voyez cette plaine brûlante.

DIEUX DES BOIS.

Helas! que sont-ils devenus
Ces bois dont nous faisions nos retraites tranquiles?

NAPE'E, & DRIADE.

Ces eaux qui serpentoient dans ces plaines fertiles,
Ces eaux, helas! ne coulent plus.

DIEUX DES BOIS.

Que de tristes allarmes!

NAPE'E, & DRIADE.

Que de sujets de larmes!

TOUS.

Pour adoucir le Ciel qui voit tant de malheurs,
Joignons nos soupirs & nos pleurs.

F

SCENE CINQUIE'ME.

LE ROY, BELLEROPHON.

LE ROY.

AH ! Prince, où vous emporte une ardeur trop
　　guerriere ?
En vain à cent perils on vous a vû courir,
En vain vôtre grand nom remplit la terre entiere,
Vous cherchez un combat où vous allez périr.

BELLEROPHON.

Je ne vay point combatre un Monstre redoutable,
Pour remplir de mon nom l'univers étonné ;
　　Je vais, Amant infortuné,
　　Finir un sort trop déplorable.

　　Cent fois jusqu'à ce triste jour
J'ay hazardé ma vie en cherchant la victoire :
　　Ce que j'ay fait animé par la gloire,
Ne le pourray-je faire animé par l'amour !

LE ROY.

　　Suivre un amour trop témeraire,
C'est vous livrer vous-même au plus funeste sort.

BELLEROPHON.

Accablé de malheurs, puis-je craindre la mort ?

LE ROY.

Ménagez vôtre vie, elle m'est toûjours chere :
Par ces aimables nœuds
Que je vous destinois avec mon diadême ;
Par la Princesse même ,
Accordez, accordez quelque chose à mes vœux.
Je vais faire à Neptune offrir un sacrifice :
Allons sçavoir ses volontez,
Peut-être il nous sera propice.

BELLEROPHON.

En vain, Seigneur, vous me flatez,
Puisqu'à son Fils vous devez la Princesse ;
Au moins, en combattant, laissez-moy faire voir
Que mon amour meritoit sa tendresse.

LE ROY.

Ah ! que je crains pour vous ce fatal desespoir!
Adieu, quand le péril ne vous peut émouvoir,
Je dois vous cacher ma foiblesse.

On commence à voir icy tout le Païsage de l'enfoncement
du Théatre remply de feu & de fumée, pour marquer
le dégât que fait la Chimere dans le païs..

SCENE SIXIE'ME.

BELLEROPHON.

Heureuſe Mort, tu vas me ſecourir
Dans mon malheur extrême !
Je cours m'offrir au Monſtre, aſſûré de perir ;
Mais je m'en fais un bien ſuprême.
Quand on a perdu ce qu'on aime,
Il ne reſte plus qu'à mourir.

On voit icy PALLAS dans un Char de nuages, du côté droit, & en même-temps paroît un autre Char vuide, qui deſcend juſques ſur le Théatre du côté gauche.

SCENE SEPTIE'ME.

PALLAS dans son Char, BELLEROPHON.

PALLAS.

Espere en ta valeur, Bellerophon espere,
Pallas descend du Ciel, pour t'offrir son secours.

BELLEROPHON.

Déesse, en vain tu prens soin de mes jours,
*　　　Quand la mort seule peut me plaire.*

PALLAS.

*　　Ton sort est marqué dans les cieux,*
Vien, monte dans ce Char, & t'abandonne aux Dieux.

BELLEROPHON monte dans le Char, & est enlevé sur le Ceintre avec PALLAS. Cependant on entend le Peuple qui exprime sa désolation par ces vers.

CHOEUR DE PEUPLES derriere le Théatre.

*　　Quelle horreur ! quelle triste ravage !*
*　　Le Monstre redouble sa rage !*

Pendant qu'on entend les cris des Peuples épouvantez, la Chimere paroît au fond du Théatre, & en même-temps BELLEROPHON monté sur Pegase, fond du haut de l'air, & aprés un premier combat avec la Chimere, il se sauve dans les airs, & traverse le Théatre.

CHOEUR DE PEUPLES derriere le Théatre,
pendant le combat de BELLEROPHON.

Un Heros s'expose pour nous,
Dieux, soûtenez son bras, & conduisez ses coups.

BELLEROPHON fond une seconde fois sur la Chimere,
au milieu du Théatre; & aprés qu'il a disparu un moment en s'élevant sur le Ceintre, il paroît pour la
troisiéme fois sur le devant du Théatre, attaque de
nouveau la Chimere, la blesse à mort, & se sauve
en l'air, faisant son vol en rond, & aprés trois tours,
on le voit se perdre dane les nuës: Cependant la
Chimere tombe morte entre les Rochers; ce qui donne lieu à la joye que marque le peuple par les vers
suivants.

CHOEUR DE PEUPLES derriere le Théatre.

Le Monstre est défait, quelle gloire!
Bellerophon remporte la victoire!

FIN DU QUATRIE'ME ACTE.

ACTE CINQUIEME.

Le Théatre représente une grande avant-court d'un Palais qui paroît élevé dans la gloire : On y monte par deux grands degrez qui forment les deux côtez de cette décoration en ovale, & qui sont enfermez par deux grands bâtiments d'architecture d'une hauteur extraordinaire. Les deux degrez, & les galleries qui les environnent sont remplis des Peuples de la Lycie, assemblez en ce lieu pour y recevoir BELLEROPHON, que PALLAS doit y ramener aprés la défaite de la Chimere.

SCENE PREMIERE.
LE ROY, PHILONOE',
CHOEUR DE PEUPLES.

LE ROY.

Réparez vos chants d'allegresse,
Peuples, c'est en ce lieu que pour nôtre bonheur,
Pallas doit ramener un illustre Vainqueur
Que le Ciel pour Epoux destine à la Princesse.

Enfin nos vœux ont reüſſi,
Un Oracle confus faiſoit nôtre infortune ;
Mais cet Oracle eſt éclaircy,
Bellerophon eſt le Fils de Neptune.
Pour nous le déclarer dans ſon Temple, à nos yeux,
Ce Dieu des Mers vient de paroître ;
Luy-même pour ſon ſang a daigné reconnoître
Ce Heros glorieux.
D'une Nymphe jalouſe, il craignit la colere,
Et quand Bellerophon reçût de luy le jour,
Il voulut que Glaucus feignît d'être ſon Pere ;
Il revient triomphant, célebrez ſon retour.

CHŒUR DE PEUPLES.

Vien, digne ſang des Dieux, joüir de ta victoire,
Chacun eſt charmé de ta gloire,
Et pour chanter tes grands exploits,
Nous allons tous joindre nos voix.

LE ROY.

Et toy, ma Fille, abandonne ton ame
Aux tranſports de ta flâme.
Bellerophon t'eſt donné pour époux.

PHILONOE'.

Aprés tant de rudes allarmes,
Pouvons-nous trop goûter les charmes
D'un changement ſi doux ?

LE ROY.

LE ROY.

Qu'il est grand ce Heros, qui ne voit point d'obstacles,
Que le sort contre luy ne forme vainement !

PHILONOE'.

Pour tout vaincre, il suffit qu'un Heros soit Amant,
La valeur & l'amour font toûjours des miracles.

TOUS DEUX.

La valeur & l'amour font toûjours des miracles.

CHOEUR DE PEUPLES.

O jour pour la Lycie à jamais glorieux,
Où le sang de nos Roys s'unit au sang des Dieux !

G

SCENE DEUXIE'ME.

LE ROY, STENOBE'E, PHILONOE', ARGIE, CHOEUR DE PEUPLES.

LE ROY.

VEnez-vous partager l'allegreſſe publique?
         Enfin pour nous le Ciel s'explique,
Neptune a reconnu Bellerophon pour Fils.

STENOBE'E.

Je ſçay tout. Dieux cruels, vous l'avez donc permis?

LE ROY.

Bellerophon cauſe-t'il cette plainte?

STENOBE'E.

C'eſt luy ſeul, il eſt vray, qui fait mon deſeſpoir.
Du plus ardent amour j'eûs pour luy l'ame atteinte,
Et pour toucher ſon cœur j'ay manqué de pouvoir.
Toûjours l'Ingrat dédaigna ma tendreſſe;
Prête à le voir enfin épouſer la Princeſſe,
J'ay voulu renverſer vos odieux projets.
Amiſodar m'aimoit, j'ay fait agir ſes charmes,
Et le Monſtre pour luy rempliſſant tout d'allarmes,
N'a verſé que pour moy le ſang de vos ſujets.

LE ROY.

Le Traître! qu'on l'arrête.

STENOBE'E.

                    Il s'eſt mis par la fuite
         A couvert de vôtre pourſuite;
Mais il traîne avec luy ſon crime & ſon amour.

LE ROY.

Quoy, le Ciel ſouffre encor que vous voyez le jour?

STENOBE'E.

J'ay prevenu tout ce que peut sa haine :
La justice que je me rends
Me fait par le poison mettre fin à ma peine.
Je le sens qui déja coule de veine en veine,
Déja le jour se cache à mes regards mourants.

Vous, de qui la rigueur m'a toûjours poursuivie
Avec ses plus funestes traits,
Dieux inhumains, j'abandonne la vie ;
Estes-vous satisfaits ?

Et toy, cruel Amour, reçois une victime
Que tu cherchois à t'immoler ;
Je meurs pour expier le crime
Des feux dont tu m'as fait brûler.
Je n'ay pû m'affranchir de ton barbare empire
Qu'en renonçant au jour ;
Voy mes derniers soûpirs, impitoyable Amour,
J'expire.

PHILONOE'.

Quel excés de fureur !

LE ROY.

Sa mort en est le prix,
Mais oublions & son crime & sa peine ;
Voicy Bellerophon, que Pallas nous ramene,
Son triomphe doit seul occuper nos esprits.

On voit PALLAS dans un Char, & BELLEROPHON
avec elle. Tandis qu'elle descend, le Peuple marque
sa joye par le son des Tymballes, des Trompettes &
de tous les autres Instruments.   G ij

SCENE TROISIEME.

PALLAS, LE ROY, BELLEROPHON,

PHILONOE', CHOEUR DE PEUPLES.

PALLAS.

Connoissez le Fils de Neptune
Dans ce jeune Heros.
A sa seule valeur vous devez le repos
Qui succede à vôtre infortune;
Pallas le ramene en ces lieux.
C'est luy qui doit épouser la Princesse,
Faites-en tous paroître un entiere allegresse;
Et rendez grace aux Dieux.

BELLEROPHON descend du Char, & PALLAS est
enlevée sur le Ceintre.

BELLEROPHON à PHILONOE'.

Enfin je vous revoy, Princesse incomparable.

PHILONOE'.

O changement à mes vœux favorable!

TOUS DEUX.

Quel plaisir de voir en ce jour
Le Destin ceder à l'Amour!

LE ROY.

Joüissez des douceurs que l'Hymen vous prepare,
Vivez heureux, vivez toûjours Amants :
Que tous vos moments
Soient doux & charmants,
Et qu'un bonheur sans fin repare,
Ce qu'un sort rigoureux vous causa de tourments.

On entend icy les Tymballes & les Trompettes, & tous les autres Instruments, dont le son se mêle aux acclamations du Peuple qui chante les Vers suivants.

CHOEUR DE PEUPLES.

Le plus grand des Heros rend le calme à la terre,
Il fait cesser les horreurs de la guerre.
Joüissons à jamais
Des douceurs de la paix.

Neuf Lyciens se détachent, & font icy une entrée aprés laquelle le Peuple chante les deux couplets qui suivent au même son des Tymballes, des Trompettes, & de tous les autres Instruments.

CHOEUR DE PEUPLES.

Les plaisirs nous preparent leurs charmes,
Ne songens plus qu'à passer de beaux jours :
Si le Ciel nous fit verser des larmes,
Un heureux sort en arrête le cours.
Puisqu'un Heros fait cesser nos allarmes,
Cherchons les jeux, les ris & les amours.

SECOND COUPLET.

Que la paix qui succéde à la peine
Fait aisément oublier les soûpirs !
Si le Ciel nous soûmit à sa haine,
Un heureux sort satisfait nos desirs :
Dans les beaux jours qu'un Heros nous ramene,
Cherchons les ris, les jeux et les plaisirs.

FIN DU CINQUIE'ME, ET DERNIER ACTE.

PRIVILEGE GENERAL.

LOUIS PAR LA GRACE DE DIEU, ROY DE FRANCE ET DE NAVARRE; à nos amez & feaux Conseillers, les Gens tenant nos Cours de Parlement, Maîtres des Requêtes ordinaires de nôtre Hôtel, Grand Conseil, Prévôt de Paris, Baillifs, Senéchaux, leurs Lieutenants Civils, & à tous autres nos Justiciers qu'il appartiendra ; SALUT : Nôtre bien amé le Sieur JEAN NICOLAS DE FRANCINI, l'un de nos Conseillers, Maître d'Hôtel ordinaire, interessé conjointement avec le Sieur HYACINTHE DE GAUREAULT Sieur DE DUMONT, l'un de nos Ecuyers ordinaires, & de nôtre tres-cher & bien amé Fils le Dauphin, au Privilege que nous leur avons accordé, pour l'Academie Royale de Musique, par nos Lettres Patentes du 30. Decembre 1698. Nous ayant fait remontrer qu'il desiroit donner au Public un RECUEIL GENERAL DES OPERA, REPRESENTEZ PAR L'ACADEMIE ROYALE DE MUSIQUE, DEPUIS SON ETABLISSEMENT, ET QUI SERONT REPRESENTEZ CY-APRE'S, s'il nous plaisoit luy accorder nos Lettres de Privilege sur ce necessaires, attendu les grandes dépenses qu'il convient faire, tant pour l'Impression que pour la Gravure en Taille-douce des Planches dont ce Livre sera orné. Nous avons permis & permettons par ces presentes audit Sr DE FRANCINI, de faire imprimer ledit RECUEIL par tel Imprimeur, & en telle forme, marge, caractere que bon luy semblera, en un ou plusieurs Volumes, conjointement ou separément, & de le faire vendre & distribuer dans tout nôtre Royaume, pendant le temps de six années consecutives, à compter du jour de la datte des presentes. FAISONS DEFENSES à tous Imprimeurs, Libraires, & à tous autres de quelque qualité & condition qu'ils puissent être, de contrefaire ledit RECUEIL en tout, ni en partie ; ni même les Planches & Figures qui l'accompagnent, & d'en faire venir ni vendre d'impression étrangere, sans le consentement par écrit de l'Exposant, ou de ceux à qui il aura transporté son Droit, à peine de trois mille livres d'amende contre chacun des contrevenants ; dont un tiers à l'Hôtel-Dieu de Paris, un tiers à l'Exposant, & l'autre au Dénonciateur, de confiscation des Exemplaires contrefaits, que nous voulons être saisies par tout où ils se trouveront, & de tous dépens, dommages & interests : à la charge que ces presentes seront registrées és Registres de la Communauté des Imprimeurs & Libraires de Paris, que l'impression desdits Opera, sera faite dans nôtre Royaume, & non ailleurs, & ce en bon Papier & en beau Caractere conformement aux Reglements de la Librairie, & qu'avant que de l'exposer en vente, il en sera mis deux Exemplaires dans nôtre Bibliotheque publique, un dans le Cabinet des Livres de nôtre Château du Louvre, & un dans celle de nôtre tres-cher & feal Chevalier Chancellier de France le Sieur Phelypeaux, Comte de Pontchartrain, Commandeur de nos Ordres; le tout à peine de nullité des presentes : du contenu desquelles, nous vous mandons & enjoignons de faire joüir l'Exposant, ou ses ayants cause pleinement & paisiblement, sans souffrir qu'il leur soit fait aucun trouble ou empéchement. VOULONS que la copie de ces presentes, qui sera imprimée, dans ledit Livre, soit tenuë pour bien & düement signifiée, & qu'aux copes collationnées, par l'un de nos amez & feaux Conseillers-Secretaires, foy soit ajoûtée comme à l'Original. COMMANDONS au premier nôtre Huissier ou Sergent sur ce requis, de faire pour l'exécution des presentes, tous Actes requis & necessaires, sans demander autre permission, nonobstant Clameur de Haro, Charte Normande, & Lettres à ce contraires : CAR tel est nôtre plaisir. DONNE' à Versailles le dixiéme jour de Juin, l'An de grace 1703. Et de nôtre Regne, le soixante-uniéme. Par le ROY, en son Conseil. Signé, LE COMTE, avec Paraphe, & scellé.

Ledit Sieur DE FRANCINI a fourny le present Privilege à *Christophe Ballard*, seul Imprimeur du Roy pour la Musique, pour en joüir en son lieu & place, suivant leurs conventions.

Registré sur le Livre de la Communauté des Imprimeurs & Libraires, conformément aux Reglements. A Paris le 11. Juin 1703. Signé THIERRY, *Syndic.*